BEI GRIN MACHT SICH IHR WISSEN BEZAHLT

AF136137

- Wir veröffentlichen Ihre Hausarbeit,
  Bachelor- und Masterarbeit

- Ihr eigenes eBook und Buch -
  weltweit in allen wichtigen Shops

- Verdienen Sie an jedem Verkauf

Jetzt bei www.GRIN.com hochladen
und kostenlos publizieren

GRIN

Eine Erläuterung von Heiders Handlungsanalyse, der Emotionsmessung und der Emotionalen Führung

Samantha Josephine Knaf

Bibliografische Information der Deutschen Nationalbibliothek:

Die Deutsche Nationalbibliothek verzeichnet diese Publikation in der Deutschen Nationalbibliografie; detaillierte bibliografische Daten sind im Internet über http://dnb.d-nb.de abrufbar.

ISBN: 9783346223104
Dieses Buch ist auch als E-Book erhältlich.

Druck und Bindung: Books on Demand GmbH, Norderstedt Germany
Gedruckt auf säurefreiem Papier aus verantwortungsvollen Quellen

Das vorliegende Werk wurde sorgfältig erarbeitet. Dennoch übernehmen Autoren und Verlag für die Richtigkeit von Angaben, Hinweisen, Links und Ratschlägen sowie eventuelle Druckfehler keine Haftung.

Das Buch bei GRIN: https://www.grin.com/document/595958

Einsendeaufgabe

Allgemeine Psychologie II

Alternative C

Aufgabenkatalog 01.01.2017 – 31.12.2017

Modul: Allgemeine Psychologie II

Studiengang: Prävention und Gesundheitspsychologie

von

Samantha Josephine Knaf

Studiengang: Prävention und Gesundheitspsychologie

Inhaltsverzeichnis

Abbildungsverzeichnis

Tabellenverzeichnis

Aufgabe C1

Schon seit Jahrhunderten beschäftigt die Menschen, welche Ursachen es für ein bestimmtes Handeln gibt. Es wird nach Gründen gesucht, warum in einer bestimmten Situation ein Mensch ein bestimmtes Verhalten gezeigt hat. Hat man diese Gründe verstanden und analysiert, ist es möglich, zukünftige Handlungen dieser Person vorherzusagen. Gleichzeitig kann jedoch auch das zukünftige Verhalten beeinflusst werden, um bestimmte Ergebnisse zu vermeiden oder zu erzielen. Um diese Ursachen und Sachverhalte aufzudecken, wurden schon früh empirische Forschungen betrieben. Vor allem Heider wird als Vorreiter der attributionspsychologischen Forschung bezeichnet und seine Ergebnisse hat die Bildung von Theorien stark beeinflusst.

Allgemein sind zwei theoretische Richtungen entstanden: die Attributionstheorie und die attributionale Theorie. Auf den nachfolgenden Seiten wird vordergründig auf die Attributionstheorie und auf Heider Analyse von Handlungen eingegangen. [1]

Vor allem in den siebziger Jahren wurden Heiders Überlegungen als Grundprinzipien der attributionstheoretischen Überlegung bezeichnet. Kelly sagte im Jahr 1971, dass die Zuschreibung von Ursachen das Ziel hat, das eigene Handeln zu verbessern. Um dies zu schaffen, müssen bestimmte Ereignisse vorhergesagt werden und die jeweiligen situativen Bedingungen ausreichend analysieren zu können, um wirklichkeitsnahe Ursachenzuschreibungen zu ermitteln. [2]

1938 äußerte Kuhl Bedenken gegen die Annahme, dass Menschen versuchen rational zu handeln, da eine Vorhersage von Ereignissen zur Umweltanpassung dient und überlebenswichtig ist. Er postuliert, dass der Mensch oft gar nicht

---

[1] Vgl. Stiensmeier-Pelster, J. /Heckhausen, H., 2010, S. 389
[2] Vgl. Kelley, H. H. : 1971 zitiert nach Stiensmeier-Pelster, J. / Heckhausen, H., 2010, S. 395

über die jeweiligen Ursachen seiner Handlungsergebnisse nachdenkt. Seiner Meinung denken Menschen darüber leidglich nach, wenn es von Interesse ist. [3]

Unter Attribution versteht man, die Zuschreibung von Eigenschaften und Ursachen-Wirkung-Beziehungen gegenüber der Realität. Durch diese erhofft sich die handelnde Person Erleichterung im Alltag. Oft ersetzen Attributionen auch überprüftes Wissen. Es gibt verschiedene Formen der Attribution. Die Kausal-Attribution liegt vor, wenn man spezifische Bedingungen einem Ursachencharakter zuschreibt. Des Weiteren die interne Kausal-Attribution bei der die Person einen Erfolg beziehungsweise Misserfolg auf eigene Fähigkeiten zurückführt. Zusätzlich existiert auch die externe Kausal-Attribution, wenn man den Erfolg oder Misserfolg auf die Umwelt oder Zufall zurückführt. [4]

Allgemein befasst sich die Attributionstheorie damit, wie Attributionen zustande kommen. Man ordnet sie in den Bereich der kognitiven Psychologie ein. Es wird gefragt, wann bestimmte Attributionen auftreten und ob die Zuschreibung von Ursachen eine bewusste Analyse benötigt oder ob sie auf implizite Annahmen beruhen. Zusätzlich wird versucht, eine Antwort auf die Frage zu finden, welche Informationen der Ursachenerklärung zu Grunde liegen und wie diese gesucht und verarbeitet werden. Außerdem wird daran gearbeitet die Frage zu beantworten, auf welcher Grundlage Handlungen oder ein Ergebnis einer bestimmten Ursache zugeordnet werden und welche Mechanismen und Prozesse dahinter stecken.

Attributionale Theorien hingegen beantworten die Frage, wie die Attribution auf das Verhalten und Erleben wirkt. [5]

Bei der Attributionstheorie nach Heider werden Handlungen als zweckbestimmt verstanden. Dabei sind Intentionen die verbindenden Elemente zwischen Ursache und Effekt. Von diesen erstrebten Effekten lassen sich Nebenwirkungen unterscheiden, die als unbeabsichtigt zu bezeichnen sind. Somit lässt sich eine Situation sowohl auf Faktoren der Person selbst, als auch auf die Faktoren der Situation zurückführen. Dieser Personenfaktor setzt sich aus dem Produkt von Motivation und Fähigkeiten zusammen. Dabei beinhaltet

---

[3] Vgl. Kuhl, J., 1983
[4] Vgl. Gabler Springer, 2017
[5] Vgl. Studienbrief, S. 130 f.

Motivation die Intention und die Anstrengung. Um diese umständliche Gleichung zu vereinfachen, nachfolgend ein Bespiel: Wenn ein Musiker sich auf ein Konzert oder Wettbewerb vorbereitet, kommen die Fähigkeiten in seinem Talent und seiner Technik zum Ausdruck. Die Motivation wird durch die Anstrengung und dem Willen veranschaulicht, immer wieder zu üben uns sich zu verbessern. Die multiplikative Verknüpfung zeigt, dass eine Person immer eine wirksame persönliche Kraft null ist, wenn Motivation oder die Fähigkeit auch null sind. Strengt der Musiker sich nicht an, nützt auch seine Technik oder seine Begabung nichts, da keine ordentliche Melodie zustande kommt. Das Beispiel lässt sich jedoch noch erweitern. Berücksichtigt man die von außen wirkenden Umweltfaktoren. Diese bestimmen, ob eine Handlung erfolgreich ausgeführt werden kann. Hat der Musiker beispielsweise Wochen vor dem Konzert eine schwere Grippe, kann er sich nur schwer vorbereiten. Natürlich können diese Umweltfaktoren auch günstig ausfallen. [6] Heider geht in seiner Theorie somit von der Verhaltensgleichung nach Lewin aus.

V= f (P, U)

V steht hierbei für Verhalten. Dieses wird als eine Funktion aus P, sprich Person, und U, die jeweilige Umwelt, gesehen. [7] Heiders Handlungsanalyse kann leicht als eine Art Gleichung dargestellt werden.

---

[6] Vgl. Spektrum Akademischer Verlag, 2000
[7] Vgl. Stiensmeier-Pelster, J. /Heckhausen, H., 2010, S. 402

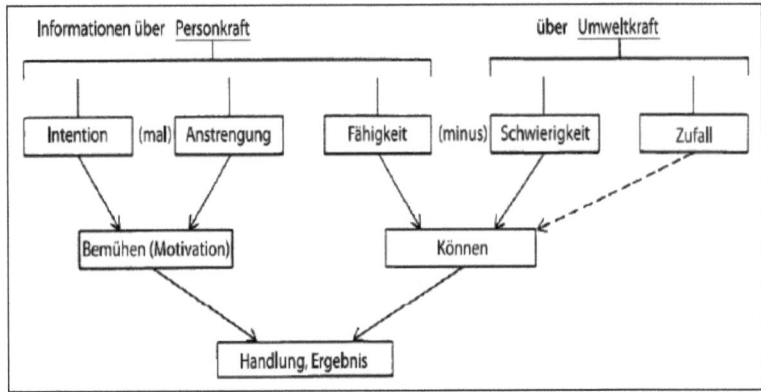

Abbildung 1: Handlungsanalyse nach Heider
(Quelle: Studienbrief S. 51)

Wie bereits erwähnt, bildet das Produkt aus Intention und Anstrengung das Bemühen beziehungsweise die Motivation. Eine weitere Komponente der Personenkraft bildet die Fähigkeit. Wichtig ist, dass sich das Können einer Person aus der Differenz der Fähigkeit und der Schwierigkeit bildet. Weiterer Faktor der Umweltkraft, welcher auch auf das Können wirkt, ist der Zufall. So ergeben sich zwei Zwischenergebnisse beziehungsweise so genannte Konzepte: die Motivation und das Können. Beide zusammen bilden dann abschließend die Handlung als Ergebnis. [8]

---

[8] Vgl. Studienbrief, S. 51 f.

Aufgabe C2

Der Begriff Emotion hat eine Vielzahl von Definitionen. Einerseits werden Emotionen als unbewusste Impulse beschrieben, anderseits als bewusste Bewertung und Klassifikation. Für viele ist es lediglich eine neurophysiologische Reaktion im Gehirn, für andere jedoch ein Reizreaktionsmuster, welches durch bestimmte Umwelteinflüsse ausgelöst wird. Oft wird auch der Begriff Gefühl als Synonym verwendet. Zusätzlich gibt es noch untergeordnete Kategorien wie Affekt oder Stimmung. Den Begriff an sich zu fassen, ist schwierig. [9]

Um Emotionen zu messen, gibt es ebenso eine Vielzahl an Möglichkeiten. Um in Erfahrung zu bringen was ein Mensch fühlt ist es meist notwendig, zu dieser Person einen guten Zugang zu haben. Häufig sind sich die Personen ihrer Gefühle selbst nicht bewusst, bis sie direkt danach gefragt werden oder bewusst darüber nachdenken. Aus diesem Grund gibt es verschiedene Messmethoden, die nachfolgend kurz vorgestellt und verglichen werden. Näher beleuchtet werden: das Interview, das Tagebuch, Ratingskalen, Fragebögen und die Inhaltsanalyse.

Zunächst wird auf das Interview näher eingegangen. Solche Interviews werden beispielsweise in bestimmten beruflichen oder forensischen Zusammenhängen eingesetzt. Die Person wird zu ihren Gefühlen befragt und die Antworten geben Hinweise auf mögliche Störungen oder auch auf den allgemeinen emotionalen Zustand eines Täters. So kann eingeschätzt werden, ob der Täter rückfällig werden könnte. Im Bereich der Emotionsforschung werden solche Interviews jedoch nur seltene eingesetzt, da sowohl Interviewer als auch Auswerter eine Schulung benötigen. Der Vorteil ist

---

[9] Vgl. Vaas, R., 2000

jedoch, dass Menschen mit Sprachproblemen einfacher Interviewfragen beantworten können, als einen Fragebogen zu lösen.

Zusammenfassend kann man sagen, dass im Interview die Person gefragt wird wie sie sich fühlt beziehungsweise wie sie sich in konkreten Situationen fühlt. Der Vorteil dabei ist, dass die Realisierung ökonomisch ist und im Therapieumfeld als angemessen erlebt wird. Nachteil ist jedoch, dass es einen relativ großen Interpretationsspielraum gibt und Auswertungen nur schwer zu standardisieren sind. [10]

Bei der Messung über ein Tagebuch werden die erlebten Emotionen wiederkehrend aufgeschrieben. Es werden beispielsweise retrospektiv am Ende des Tages Emotionen dokumentiert. Dabei ist jedoch zu beachten, dass eine Aufzeichnung zeitnah geschieht, da sonst Ergebnisse ungenau sein können. Es gibt für diese Dokumentation sogar eine Standardisierung, welche nicht nur in der Forschung, sondern auch in der Praxis eingesetzt wird. Diese nennt sich Day Reconstruction Method. [11] Dabei beurteilen die befragten Personen, wie sie ihre Zeit verbringen und wie sie diese Aktivitäten erleben. Dabei werden auch Erfahrungsstichproben und die jeweilige Zeiteinteilung berücksichtigt. Sie rekonstruieren ihren Tagesablauf zeitnah um Abweichungen und Fehler zu verhindern. [12] Zusätzlich werden auch Fragen aus einem standardisierten Katalog beantwortet und somit wird versucht eine einheitliche Auswertung zu ermöglichen. Diese Evaluation nimmt jedoch viel Zeit ein. Alles in allem bedeutet es, dass die Person ihre Gefühle und Eindrücke des Tages zeitnah niederschreibt. Das hat den Vorteil, dass alle Emotionen alltagsnah sind. Der Nachteil ist jedoch wieder, dass die Auswertung nur schwer standardisiert werden kann, auch wenn man es versucht. [13]

Eine weitere Methode ist die Messung über eine Ratingskala. Diese Skala kann ganz verschieden aussehen und betrachtet entweder die Valenz des Befindens oder auch die Intensität von Freude oder Trauer. Nachfolgend sind einige Skalen beispielhaft aufgeführt.

---

[10] Vgl. Schmidt-Atzert, L./Stemmler, G./Peper, M., 2014, S. 72
[11] Vgl. Kahneman, D./Kruger, A. B./Schkade, D. A./Schwarz, N./Stone, A. A., 2004, zitiert nach Schmidt-Atzert, L. et al., 2014, S. 76
[12] Vgl. American Association for the Advancement of Science, 2017
[13] Vgl. Kahneman, D./Kruger, A. B./Schkade, D. A./Schwarz, N./Stone, A. A., 2004, zitiert nach Schmidt-Atzert, L. et al., 2014, S. 76

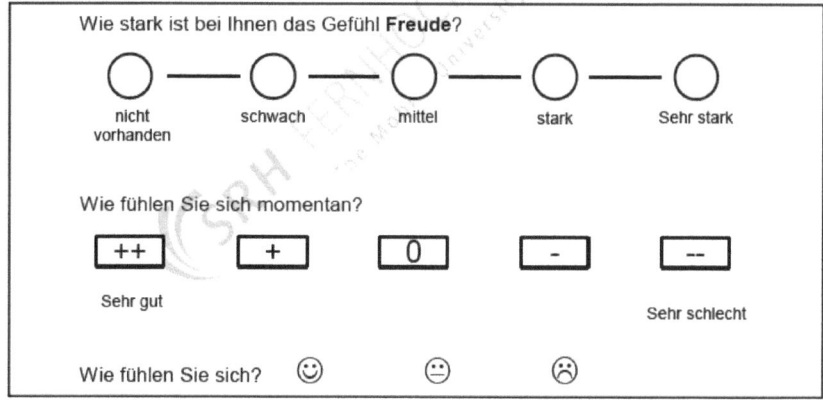

Abbildung 2: Verschiedene Ratingskalen
(Quelle: Studienbrief SRH S. 50)

Problematisch dabei ist jedoch, dass oftmals Freude falsch verstanden wird und somit mit anderen Begriffen wie Glück oder Zufriedenheit verwechselt werden. Zusätzlich ist ein Vergleich mit anderen Studien schwierig. [14]

Aus diesem Grund wurde ein valides Verfahren entwickelt, in dem emotionales Befinden in verschiedenen Dimensionen bildlich dargestellt und veranschaulicht wird. Es nennt sich Self-Assessment-Manikin oder kurz SAM. Durch drei verschiedene Ratingskalen lassen sich affektive Reaktionen einordnen. Durch die bildliche Darstellung gibt es keine sprachlichen oder kulturellen Hindernisse. Nachfolgend ist dieses Verfahren abgebildet.

---

[14] Vgl. Schmidt-Atzert, L./Stemmler, G./Peper, M., 2014, S. 78 f.

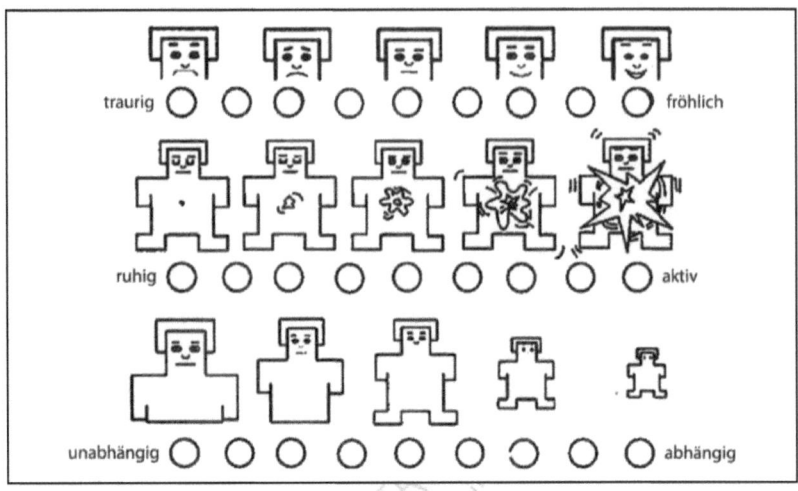

Abbildung 3: Self-Assessment-Manikin

(Quelle: Studienbrief SRH S. 51)

Zusammenfassend lässt sich sagen, dass in Ratingskalen bestimmte Emotionen in Intensität oder Häufigkeit eingestuft werden. Dies ist ein sehr ökonomisches Verfahren und Gefühle können direkt quantifiziert werden. Ebenso ist eine zeitnahe und schnelle Einschätzung möglich. Der Nachteil ist jedoch, dass es eine Vorauswahl von Begriffen benötigt und die Reliabilität nur gering sein könnte. [15]

Die nächste zu betrachtende Methode ist der Fragebogen. Er hat den Vorteil, dass Emotionen nicht auf einen vorher festgelegten Begriff beschränkt werden, sondern umschrieben werden können. Durch gefühlsbeschreibende Subjektive und Adjektive kann man genauere Angaben machen.[16] Fragebögen haben bestimmte Merkmale wie Bearbeitungsdauer, Anzahl der Skalen und Art der Antwortskalen. Es gibt jedoch noch einige Merkmale, deren Bedeutung größer ist. Ein Merkmal ist, ob sich der Fragebogen auf eine oder mehrere Emotionen beschränkt. Es ist möglich, dass sich lediglich auf eine Qualität wie zum Beispiel Freude beschränkt wird oder eine breite Palette von Emotionen

---

[15] Vgl. Schmidt-Atzert, L./Stemmler, G./Peper, M., 2014, S. 73
[16] Vgl. Schmidt-Atzert, L.,1996, S. 81

untersucht wird. Des Weiteren kann unterschieden werden, ob die globale Dimension oder lediglich einzelne Gefühle betrachtet werden und ob sich auf Stimmungen, welche meist nur von kurzer Dauer sind und keinen erkennbaren Beginn haben, oder Emotionen konzentriert wird. Zu guter Letzt kann man auch noch zwischen Dauer, Häufigkeit und Intensität des jeweiligen Gefühls unterscheiden. [17]

Es gibt eine Vielzahl von Fragebögen, die sich über Dauer etabliert haben. Nachfolgend wird die Differential Emotions Scale, kurz DES, genauer vorgestellt. Zusätzlich gibt es beispielsweise noch den PANAS Fragebogen, die Mood Adjective Checklist und den Stimmungsfragebogen POMS. [18] Die Differential Emotions Scale wurde entwickelt, um bestimme Emotionen beziehungsweise Kategorien zu erfassen. In der DES werden zehn Emotionskategorien mit jeweils drei aussagekräftigen Adjektiven dargestellt. Diese Kategorien und deren Adjektive sehen wie folgt aus:

Kategorie	Emotionswörter
Scham/Schüchternheit	scheu, zurückhaltend, schüchtern
Überraschung	überrascht, verblüfft, erstaunt
Interesse	wach, konzentriert, aufmerksam
Freude	froh, glücklich, erfreut
Kummer/Leid	mutig, niedergeschlagen, traurig
Geringschätzung	spöttisch, geringschätzig, verachtungsvoll
Ekel	Abscheu, Widerwille, angeekelt
Furcht	bange, sich fürchten, ängstlich
Zorn	zornig, wütend, aufgebracht
Schuldgefühl	reuig, schuldig, tadelnswert

Tabelle 1: Emotionskategorien und ihre Emotionswörter
(Quelle: eigene Darstellung nach Izard, C. E. et al.: 1974)

---

[17] Vgl. Schmidt-Atzert, L.,1996, S. 81
[18] Vgl. Studienbrief S. 52 f.

Die Testpersonen geben dann auf einer Skala von eins bis fünf an, wie stark sie die jeweilige Emotion zu einem bestimmten Zeitpunkt gefühlt haben. Dieser Zeitpunkt kann dabei variieren, sodass es möglich ist, nach einem generellen oder aktuellem Erleben und dessen Häufigkeit zu fragen. [19] Bei Fragebögen stuft demnach die Person Intensität oder auch Häufigkeit bestimmter Gefühle ein. Dies hat den Vorteil, dass Emotionen zeitnah direkt quantifiziert werden können und ist somit ökonomisch. Bei guten ausgearbeiteten Fragebögen hat man nicht einmal Nachteile. [20]

Als letzte Methode wird nun noch auf die Inhaltsanalyse eingegangen. Dieses Instrument kann in einer Vielzahl von Bereichen eingesetzt werden. Speziell in der Emotionsforschung erfolgt die Auswertung auf Hinblick Emotionen zu quantifizieren und identifizieren. Beispielsweise werden Texte, welche sich auf Interviews beziehen, herangezogen und sich inhaltlich auf die Beschreibung des eigenen Befindens beziehen. Zusätzlich können auch spontane beziehungsweise selbstständig geäußerte Aussagen berücksichtigt werden. Diese Methode wird zum Beispiel benutzt um die Emotionen von Politikern auszuwerten oder Bücher und Zeitschriften zu analysieren. [21] Es werden sozusagen Äußerungen bezüglich dem Ausdruck von Gefühlen ausgewertet. Der Vorteil ist, dass bereits vorhandene Schriften und Aufzeichnungen genutzt werden können. Der Nachteil ist jedoch, dass diese Aufzeichnungen aufwendig auszuwerten sind und teilweise unvollständig sind. Oftmals sind Emotionen nicht das Hauptthema der Äußerungen. [22]

Letztendlich haben alle Messmethoden Vor- und Nachteile. Tendenziell ist jedoch der Fragebogen am ehesten zu nutzen, da er im Vergleich wenige bis gar keine Probleme bereitet. Unter gewissen Umständen kann es jedoch auch bei ihm zu Ungenauigkeiten kommen, vor allem weil eine zu große Itemzahl ermüdend werden kann und sich selbst während der Beantwortung Gefühlszustände ändern können. [23]

---

[19] Vgl. Brandstätter, V./Schüler, J./Puca, R. M./Lozo, L., 2013, S. 151 ff..
[20] Vgl. Schmidt-Atzert, L./Stemmler, G./Peper, M., 2014, S. 73
[21] Vgl. Schmidt-Atzert, L./Stemmler, G./Peper, M., 2014 S. 88
[22] Vgl. Schmidt-Atzert, L./Stemmler, G./Peper, M., 2014, S. 73
[23] Vgl. Schmidt-Atzert, L./Stemmler, G./Peper, M., 2014, S. 86 ff.

Aufgabe C3

Der Begriff Emotionale Intelligenz wurde in den 90er Jahren geprägt. Er wird für verschiedene Modelle verwendet, auch wenn diese unterschiedliche Ansätze verfolgen. Eine allgemeine Definition nach Simonivich wäre zum Beispiel: „Sich selbst unter Kontrolle haben und die Anforderungen der jeweiligen Situation das optimale Verhalten bestimmen zu lassen." [24]

Emotionale Intelligenz beschreibt somit die Befähigung, eigene Gefühle und die von Dritten, sowie menschliche Beziehungen korrekt einzuschätzen und dementsprechend Handlungen abschätzen zu können. [25] Sie stellt grundsätzlich eine Gruppe psychologischer Fähigkeiten dar, welche sich ganz unterschiedlich über die Jahre ausprägen. Diese Fähigkeiten werden von äußeren Einflüssen geprägt und beeinflusst, sodass unter optimalen Voraussetzungen eine gute Emotionale Intelligenz geschaffen werden kann. [26] In den 90er Jahren wurde der Begriff verwendet, um den Zusammenhang aller Persönlichkeitsteile bei Leistungen der Intelligenz zu erfassen. Diese ließen sich nicht durch einzelne Intelligenztests messen. Darunter fallen auch Fähigkeiten im sozialen, musischen, schöpferischen und künstlerischen Bereich. Es ist somit die bewusste Verknüpfung von Kognition und Affekt. Ist die Persönlichkeit gut entwickelt und es besteht eine gute Emotionale Intelligenz, ist die Person in der Lage auch in stressigen Situationen Kontrolle und Überblick zu behalten. [27]

David Goleman sieht darin zusätzlich auch eine grundsätzliche Voraussetzung für Erfolg im Beruf und einer guten Führungspersönlichkeit. Ursprünglich hatte jedoch Edward Lee Thorndike die Grundlage hierfür gelegt. Im Jahre 1920 verwendete er den Begriff soziale Intelligenz für die Fähigkeit

---

[24] Vgl. Krause, K.-T., 2007, S. 15
[25] Vgl. Psychomeda, 2017
[26] Vgl. Krause, K.-T., 2007, S. 15 ff.
[27] Vgl. Studienbrief S. 140

andere Personen richtig zu verstehen und anleiten zu können. [28]
Laut Goleman sind zentrale Komponenten der emotionalen Intelligenz die
Selbstwahrnehmung, die Selbstregulierung, Empathie, die Motivation und die
sozialen Fähigkeiten.

David Goleman entwickelte eine Übersicht bestimmter Grunddimensionen der
Emotionalen Intelligenz. In unterschiedlichen Zusammenhängen unterscheidet
er zwischen vier und fünf Dimensionen.

Tabelle 1: Modell der Emotionalen Intelligenz nach Goleman	
Persönliche Kompetenzen	**Soziale Kompetenzen**
Selbstwahrnehmung • Emotionales Bewusstsein • Zutreffende Selbsteinschätzung • Selbstvertrauen	**Empathie** •Andere verstehen •Andere entwickeln •Serviceorientierung •Vielfalt nutzen •Politisches Bewusstsein
Selbstregulierung • Selbstkontrolle • Vertrauenswürdigkeit • Gewissenhaftigkeit • Anpassungsfähigkeit • Innovation	**Soziale Fähigkeiten** •Einfluss •Kommunikation •Konfliktbewältigung •Führung
Motivation • Leistungsdrang • Engagement • Initiative • Optimismus	•Katalysator des Wandels •Bindungen aufbauen •Zusammenarbeit •Teamfähigkeiten

Abbildung 4: Modell der EI nach Goleman
(Quelle: Krause, K.-T., 2007, S. 21)

Unter Selbstwahrnehmung versteht er, das realistische Beurteilen der eigenen
Persönlichkeit. Man erkennt und versteht eigene Bedürfnisse, Gefühle und
Motive und ich sich seiner Schwächen und Stärken bewusst.

---

[28] Vgl. Stangl, W., 2017

Die Motivation umfasst die Bereitschaft zur Leistung und die Fähigkeit sich zu begeistern. Man ist in der Lage, sich immer wieder zu motivieren und macht trotz Widerständen weiter.

Selbstregulierung ist die Befähigung, eigene Stimmungen und Gefühle zu kontrollieren und gegebenenfalls zu lenken. Man ist beispielsweise in der Lage, sich selbst bei Wut zu beruhigen.

Unter sozialen Fähigkeiten versteht er Beziehungs- und Konfliktmanagement. Man ist befähigt, Beziehungen zu anderen Menschen aufzubauen und zu halten oder auch als Führungskraft Angestellte angemessen zu leiten. Wichtig ist hierbei auch, die Befähigung im Team zusammen zu arbeiten.

Die letzte Komponente ist die Empathie. Dies beschreibt die Fähigkeit sich in andere hineinzuversetzen, und deren Gefühle und Ansichten zu verstehen. Zusätzlich akzeptiert man deren Einstellungen und tritt ihnen respektvoll gegenüber. [29] [30]

Es gibt einige Konzepte die sich der emotionalen Intelligenz bedienen. Nachfolgend soll das Konzept der emotionalen Führung von David Goleman näher beleuchtet werden.

Für Führungskräfte äußern sich die oben genannten Kompetenzen dadurch, dass sie motiviert sind, die von ihnen geforderten Ergebnisse zu erzielen. Wenn die Führungspersönlichkeit engagiert und motiviert ist, wirkt sich das positiv auf das gesamte Team aus und spornt an. Sie ergreifen die Initiative und verfügen über Teamfähigkeit und vor allem auch Kooperationsfähigkeit. Wichtig als Vorgesetzter ist es, in entsprechendem Umfang mit den Mitarbeitern und Kollegen zu kooperieren. Zusätzlich haben sie die Kompetenz, ihr Team zu führen. Dies ist die Kernaufgabe einer Führungskraft. Alles in allem haben sie einen resonanten Führungsstil. Das bedeutet, dass sie als Führungskraft in der Lage sind, ihren Mitarbeitern Empathie entgegen zu bringen und auf deren Gefühle eingehen und sie notfalls in eine positive Richtung lenken. Es gibt verschiedene Führungsstile im Bereich der emotionalen Führung. Die Führungskraft kann in ihrem Stil gefühlsorientiert, visionär, coachend,

---

[29] Vgl. Stangl, W., 2017
[30] Vgl. Krause, K.-T., 2007, S. 21

demokratisch, fordernd oder befehlend sein. Jeder dieser Stile hat Vor-und Nachteile und es gibt bestimmte Situationen, in denen sie, jeder für sich, sehr nützlich sind. Nachfolgend werden die oben genannten Führungsstile noch einmal tabellarisch mit Wirkung und Anwendung dargestellt.

Visionär	Erzeugung von Resonanz:	Verwirklichung gemeinsamer Träume
	Wirkung auf Klima:	äußerst positiv
	Anwendung:	wenn aufgrund von Veränderungen eine neue Vision erforderlich ist oder eine klare Richtung gebraucht wird
Coachend	Erzeugung von Resonanz:	bringt individuelle Ziele mit den Zielen der Organisation in Einklang
	Wirkung auf Klima:	sehr positiv
	Anwendung:	durch gezielte Förderung der Fähigkeiten eines Mitarbeiters seine Leistung verbessern
Gefühlsorientiert	Erzeugung von Resonanz:	verbindet Menschen miteinander und schafft dadurch Harmonie
	Wirkung auf Klima:	positiv
	Anwendung:	um gespaltene Teams zu vereinen, in stressigen Zeiten zu motivieren oder Verbindungen zu stärken
Demokratisch	Erzeugung von Resonanz:	Wertschätzung für den Beitrag der Mitarbeiter, bewirkt Engagement durch Einbeziehung
	Wirkung auf Klima:	positiv
	Anwendung:	um Zustimmung oder Konsens zu erreichen oder wertvolle Beiträge von Mitarbeitern zu sammeln
Fordernd	Erzeugung von Resonanz:	Erreichung interessanter herausfordernder Ziele
	Wirkung auf Klima:	da oft falsch eingesetzt, häufig sehr negativ
	Anwendung:	um mit einem hoch motivierten kompetenten Team herausragende Ergebnisse zu erzielen
Befehlend	Erzeugung von Resonanz:	gibt in Notsituationen eine klare Richtung vor und verringert dadurch Angst und Unsicherheit
	Wirkung auf Klima:	da oft missbraucht, häufig sehr negativ
	Anwendung:	in Krisen, um eine Kehrtwende in Gang zu bringen, mit problematischen Mitarbeitern

Tabelle 2: Führungsstile
(Quelle: Studienbrief S. 119)

Liest man sich die einzelnen Stile durch, fällt auf, dass diese völlig unterschiedlich sind und ganz unterschiedlich wirken. Der jeweilige Führungsstil ist ausschlaggebend für das gesamte Team und situationsabhängig. Die jeweilige Führungskraft muss genau abwägen wann sie wie agiert, da ein fordernder oder befehlender Stil oft missverstanden wird. Er braucht eine gut ausgeprägte Emotionale Intelligenz, um richtig einzuschätzen, wie er dem jeweiligen Mitarbeiter gegenübertreten kann und welcher Stil der Richtige ist.

Die einzelnen Kompetenzbereiche müssen sehr gut ausgeprägt sein um eine kompetente Führungspersönlichkeit darzustellen. [31]

In seinem Werk „Emotionale Führung" fasst Goleman vier Unterkompetenzen zusammen.

Selbstwahrnehmung	eigene Gefühle wahrnehmen und verstehen
Selbstmanagement	eigene Gefühle kontrollieren
Einfühlungsvermögen	Gefühle anderer wahrnehmen und verstehen
Beziehungsmanagement	zwischenmenschliche Beziehungen verstehen

Tabelle 3: Kompetenzbereiche EI
(Quelle: eigene Darstellung nach Psychomeda 2017)

Diese sind an sein Modell der fünf Grunddimensionen angelegt. Zur besseren Veranschaulichung wird jedoch häufig das ursprüngliche Modell mit insgesamt fünf Kompetenzen verwendet. [32]

Im 19. Jahrhundert wurden bereits ähnliche Betrachtungen getätigt, jedoch nicht im psychologischen Rahmen, sondern im theologisch-moralischen im Bereich der Erziehungslehre. Damals bezeichnete man die heutige Emotionale Intelligenz als Gegenstück zur Intelligenz. Daraus entstand die Wendung Verstand und Herz. [33]

Das Konzept der emotionalen Führung ist sehr umstritten und mehrfach kritisiert. Goleman wird vorgeworfen, dass er erlernbare Fähigkeiten und Persönlichkeitseigenschaften vermischt. Zudem wird behauptet, er habe alte Konzepte unter neuem Namen verkauft. Einige Kritiker gehen sogar soweit, dass sie behaupten, die Emotionale Intelligenz sei kein eigenständiges Konstrukt und weitestgehend aus den Big Five Dimensionen besteht. Außerdem wird bemängelt, dass der Intelligenzbegriff falsch verwendet wird. Er spielt im Zusammenleben miteinander durchaus eine Rolle, wird aber als Leerbegriff verwendet und beinhaltet in diesem Zusammenhang viele Aspekte, die mit Intelligenz im klassischen Sinn nicht in Verbindung stehen. Kritiker

---

[31] Vgl. Studienbrief S.119
[32] Vgl. Krause, K.-T., 2007, S. 20
[33] Vgl. Frevert, U.., 2012

sagen, dass man eher von emotionalen Kompetenzen anstatt einer emotionalen Intelligenz sprechen sollte. Viele Aspekte sind Inhalt der individuellen Persönlichkeit. [34]

---

[34] Vgl. Stangl, W., 2017

Literaturverzeichnis

Brandstätter, V. /Schüler, J. /Puca, R. /Lozo, L.: Motivation und Emotion, Allgemeine Psychologie für Bachelor, Springer, Berlin, 2013

Kahneman, D. /Kruger, A. B. /Schkade, D. A. /Schwarz, N. /Stone, A. A.: A survey method for characterizing daily life experience: The day reconstruction method, In: Science 306/2004

Krause, K.-T.: Emotionale Intelligenz-Soft Skill für Manager?, Books on Demand, 1. Auflage, 2007

Kuhl, J.: Motivation, Konflikt und Handlungskontrolle, Springer, Berlin 1983

Schmidt-Atzert, L.: Lehrbuch der Emotionspsychologie, Kohlhammer, Suttgart, 1996

Schmidt-Atzert, L./Stemmler, G./Peper, M.: Emotionspsychologie-Ein Lehrbuch, Kohlhammer, Suttgart, 2014

Stiensmeier-Pelster, J. /Heckhausen, H.: Kausalattribution von Verhalten und Leistung, In: Heckhausen, J./Heckhausen H. (Hrsg.): Motivation und Handeln, Berlin, Heidelberg, 4. Auflage 2010

Welte-Bardtholdt, C.: Studienbrief SRH Fernhochschule, Emotionen, 2. Auflage, 2016

Welte-Bardtholdt, C.: Studienbrief SRH Fernhochschule, Motivation und Volition, 1. Auflage, 2015

Internetquellenverzeichnis

American Association fort he Advancement of Science: A Survey Method for Characterizing Daily Life Experience: The Day Reconstruction Method URL: http://science.sciencemag.org/content/306/5702/1776, 06.10.2017 13:02 Uhr

Frevert, U., In: Goethe-Institut e. V./ Humboldt Redaktion: Bildung- zwischen Hirn und Herz, Herzenbildung URL: http://www.goethe.de/wis/bib/prj/hmb/the/158/de10438354.htm, 06.10.2017 13:35 Uhr

Maier, G. W., In: Springer Gabler Verlag (Hrsg.), Gabler Wirtschaftslexikon, Stichwort: Attribution URL: http://wirtschaftslexikon.gabler.de/Archiv/77727/attribution-v6.html, 06.10.2017 11:53 Uhr

Psychomeda: Lexikon der Psychologie, Emotionale Intelligenz URL: https://www.psychomeda.de/lexikon/emotionale-intelligenz.html, 06.10.2017 13:22 Uhr

Spektrum Akademischer Verlag: Lexikon der Psychologie, naive Analyse des Verhaltens URL: http://www.spektrum.de/lexikon/psychologie/naive-analyse-des-verhaltens/10287, 06.10.2017 12:18 Uhr

Stangl, W.: Emotionale Intelligenz, Online Lexikon für Psychologie und Pädagogik URL: http://lexikon.stangl.eu/3239/emotionale-intelligenz/ , 06.10.2017 13:28 Uhr

Vaas, R., In: Spektrum Akademischer Verlag, Lexikon der Psychologie, Emotionen

URL: http://www.spektrum.de/lexikon/neurowissenschaft/emotionen/3405, 06.10.2017 12:26 Uhr